LAURICE ELOK

# RÊVES ET SIGNIFICATIONS

LAURICE ELOK

# RÊVES ET SIGNIFICATIONS

## VOICI 45 RÊVES DANGEREUX À NE PAS NÉGLIGER DANS VOTRE VIE

**Éditions Croix du Salut**

**Imprint**
Any brand names and product names mentioned in this book are subject to
trademark, brand or patent protection and are trademarks or registered
trademarks of their respective holders. The use of brand names, product
names, common names, trade names, product descriptions etc. even without
a particular marking in this work is in no way to be construed to mean that
such names may be regarded as unrestricted in respect of trademark and
brand protection legislation and could thus be used by anyone.

Cover image: www.ingimage.com

Publisher:
Éditions Croix du Salut
is a trademark of
Dodo Books Indian Ocean Ltd. and OmniScriptum S.R.L publishing group

120 High Road, East Finchley, London, N2 9ED, United Kingdom
Str. Armeneasca 28/1, office 1, Chisinau MD-2012, Republic of Moldova,
Europe
Printed at: see last page
ISBN: 978-620-6-16998-7

# RÊVES
# ET SIGNIFICATIONS

VOICI 45 RÊVES DANGEREUX
À NE PAS NÉGLIGER DANS VOTRE VIE.

**Découvrez La Signification De Vos Mauvais Rêves
Et Passez à l'Action Pour Anéantir leurs
Réalisations Dans Votre Vie.**

LAURICE ELOK

*Rêves et significations*



## CONTACT :

- Tél : (+237) 678738942/ 655451966
- Email : reveillezvousmonde@gmail.com

## RESEAUX SOCIAUX

- **Blogue :** eloklaurice.com | **Tweeter :** Laurice
- **LinkedIn:** Laurice Elok | **Facebook:** Laurice Elok

## POUR VOS COMMANDES :

- Vous pouvez commander le livre au +237 678738942 ou acheter en ligne sur : morebooks.de/shop-ui/shop/product/9786206169987

## DEVENEZ UN PARTENAIRE DU MINISTERE :

- Composez-le (+237) 678738942/ 655451966 ou envoyez un mail à l'adresse : lauriceelok@gmail.com

## APPEL AUX DIFFUSEURS :

- Si vous êtes intéressé par la distribution de ce guide de prière, appelez ou envoyez un SMS à ces numéros pour négociation. (+237) 678738942/ 655451966 ou lauriceelok@gmail.com

# TABLE DE MATIÈRES

## CONCLUSION.................................................52

## SECTION III

# SECTION I

Est un ministère de prière et de littérature chrétienne, qui œuvre pour le réveil spirituel dans le monde, la délivrance et la restauration des vies.

Réveillez-vous, vous offre le livre « **Rêves et significations** ». Un livre qui vous apprendra comment interpréter vos mauvais rêves et passer à l'action pour empêcher leurs réalisations dans votre vie.

Le réveil produit la délivrance, la délivrance produit la restauration et la restauration mène au progrès.

Dites-nous votre problème et nous vous aiderons à trouver la solution avec Jésus-Christ le Miraculeux.

Vous pouvez également partager votre témoignage avec nous, pour nous dire ce que Dieu a fait dans votre vie via ce livre à l'adresse : reveillezvousmonde@gmail.com

**Réseaux Sociaux**
Facebook : Laurice Elok | LinkedIn : Laurice Elok

**Présidente -Fondatrice**
Laurice Elok

*" Le réveil, pour le progrès"*

# DEDICACE

Je dédie ce livre de tout cœur au Dieu tout puissant qui m'a toujours parlé et montré des choses à travers les rêves, les songes et des visions.

# REMERCIEMENTS

J'aimerais tout d'abord remercier le Dieu tout puissant pour l'inspiration et la force qu'il m'a données pour amener ce livre à l'existence. Je dis merci à mon cabinet d'écriture « **Laurice Knowledge** » pour la réalisation et le soutien.

# PRÉFACE

Le livre " **Rêves et Significations"** a été écrit sur la base des expériences que j'ai eues avec Dieu dans le domaine des rêves. Pour éveiller les consciences et partager avec le monde entier le mystère de Dieu dans le monde invisible. À travers ce livre, je veux démontrer au public que rien ne peut nous arriver sans que le Dieu créateur ne nous ait montré. Dieu est un Dieu qui nous parle de plusieurs façons, à savoir : **les rêves, les songes et les visions, dans** le but de nous éclairer sur des situations, de nous avertir, de nous révéler des choses cachées et de répondre à nos doléances ainsi qu'à nos problèmes divers. Il est important pour un être humain de prendre en considération ses rêves parce que les rêves sont des miroirs précieux à ne pas négliger. Ces miroirs qui nous éclairent et montrent des choses que nos yeux physiques ne peuvent pas voir.

# BUT

Le but de ce livre est de vous amener à prendre vos rêves en considération et de comprendre la signification de certains rêves dangereux que vous pourriez faire.

# INTRODUCTION

Vos rêves sont d'une grande importance, car Dieu les utilise pour vous communiquer des messages cruciaux. Par contre, le diable les utilise pour manipuler votre destin et infliger la peur dans votre vie. Une bonne interprétation d'un rêve qui vient de Dieu peut vous apporter un plus et vous propulser à un autre niveau dans la vie.

Dieu nous parle à travers les rêves pour nous révéler des choses, pour éveiller notre esprit, pour nous donner une clairvoyance, pour nous avertir, pour répondre à nos questions, pour nous révéler les secrets cachés, pour nous donner des solutions et nous montrer des choses à venir.

Les rêves sont très importants, il y a des bons et des mauvais rêves, mais c'est à chacun de nous de savoir discerner ce qui vient de Dieu ou du diable.

À présent, je vais vous montrer quelques principes importants sur la façon de gérer vos rêves. Ils vous permettront d'exercer de l'autorité sur tout type de rêve diabolique.

# SECTION II

Chapitre 1
# QU'EST-CE QU'UN RÊVE ?

Un rêve est un assemblage involontaire d'images et d'idées, souvent incohérentes, parfois nettes et suivies, qui se présentent à l'esprit pendant le sommeil. D'une autre part, les rêves sont des images psychiques vraisemblables que nous avons lorsque nous sommes endormis.

Les rêves qui viennent de Dieu n'effraient pas. Dieu ne nous donne pas les rêves pour nous effrayer. À grand jamais !

Chapitre 2
# QUELQUES EXEMPLES BIBLIQUES DE CAS DE RÊVES DIVINS

## Types de rêves

Il existe principalement trois types de rêves, à savoir : les rêves divins, les rêves naturels et les rêves démoniaques ou maléfiques.

## 1.LES RÊVES DIVINS :

Ce type de rêves vient de Dieu. Lorsqu'ils sont bien interprétés, ils pourront vous aider et vous propulser vers le haut niveau. Dieu nous donne les rêves pour un but. Les rêves qui viennent de Dieu sont faits pour :

- Instruire
- Avertir,
- Prévenir quelqu'un d'un danger imminent
- Apporter des révélations sur le futur
- Révéler des secrets cachés
- Éveiller notre esprit

Il y'a des personnes qui sont dotées du don de songes. Dieu leur révèle le futur à travers des songes.

## Exemple 1 :
## JOSEPH ET MARIE

Dieu a instruit Joseph et Marie à s'enfuir vers un endroit paisible avec le bébé Jésus les rêves divins.

Mathieu 2 :
*Jésus étant né à Bethléhem en Judée, au temps du roi Hérode, voici des mages d'Orient arrivèrent à Jérusalem, et dirent: Où est le roi des Juifs qui vient de naître? car nous avons vu son étoile en Orient, et nous sommes venus pour l'adorer. Le roi Hérode, ayant appris cela, fut troublé, et tout Jérusalem avec lui. Il assembla tous les principaux sacrificateurs et les scribes du peuple, et il s'informa auprès d'eux où*

*devait naître le Christ. Ils lui dirent: A Bethléhem en Judée; car voici ce qui a été écrit par le prophète: Et toi, Bethléhem, terre de Juda, Tu n'es certes pas la moindre entre les principales villes de Juda, Car de toi sortira un chef Qui paîtra Israël, mon peuple. Alors Hérode fit appeler en secret les mages, et s'enquit soigneusement auprès d'eux depuis combien de temps l'étoile brillait. Puis il les envoya à Bethléhem, en disant: Allez, et prenez des informations exactes sur le petit enfant; quand vous l'aurez trouvé, faites-le-moi savoir, afin que j'aille aussi moi-même l'adorer. Après avoir entendu le roi, ils partirent. Et voici, l'étoile qu'ils avaient vue en Orient marchait devant eux jusqu'à ce qu'étant arrivée au-dessus du lieu où était le petit enfant, elle s'arrêta. Quand ils aperçurent l'étoile, ils furent saisis d'une très grande joie. Ils entrèrent dans la maison, virent le petit enfant avec Marie, sa mère, se prosternèrent et l'adorèrent; ils ouvrirent ensuite leurs trésors, et lui offrirent en présent de l'or, de l'encens et de la myrrhe. Puis, divinement avertis en songe de ne pas retourner vers Hérode, ils regagnèrent leur pays par un autre chemin. Lorsqu'ils furent partis, voici, un ange du Seigneur apparut en songe à Joseph, et dit: Lève-toi, prends le petit enfant et sa mère, fuis en Égypte, et restes-y jusqu'à ce que je te parle; car Hérode cherchera le petit enfant pour le faire périr. Joseph se leva, prit de nuit le petit enfant et sa mère, et se retira en Égypte. Il y resta jusqu'à la mort d'Hérode, afin que s'accomplît ce que le Seigneur avait annoncé par le prophète: J'ai appelé mon fils hors d'Égypte. Alors Hérode, voyant qu'il avait été joué par les mages, se mit dans une grande colère, et il envoya tuer tous les enfants de deux ans et au-dessous qui étaient à Bethléhem et dans tout son territoire, selon la date dont il s'était soigneusement enquis auprès des mages. Alors s'accomplit ce qui avait été annoncé par Jérémie, le prophète: On a entendu des cris à Rama, Des pleurs et de grandes lamentations: Rachel pleure ses enfants, Et n'a pas voulu être consolée, Parce qu'ils ne sont plus. Quand Hérode fut mort, voici, un ange du Seigneur apparut en songe à Joseph, en Égypte, et dit: Lève-toi, prends le petit enfant et sa mère, et va dans le pays d'Israël, car ceux qui en voulaient à la vie du petit enfant sont morts. Joseph se leva, prit le petit enfant et sa mère, et alla dans le pays d'Israël. Mais, ayant appris qu'Archélaüs régnait sur la Judée à la place d'Hérode, son père, il craignit de s'y rendre; et, divinement averti en songe, il se retira dans le territoire de la Galilée, et vint demeurer dans une ville appelée*

*Nazareth, afin que s'accomplît ce qui avait été annoncé par les prophètes: Il sera appelé Nazaréen.*

**Exemple 2 :**
**JOSEPH :** il a eu des rêves sur son avenir qui se sont réalisés.

Genèse 17 : 1-10.

*Jacob demeura dans le pays de Canaan, où avait séjourné son père. Voici la postérité de Jacob. Joseph, âgé de dix-sept ans, faisait paître le troupeau avec ses frères; cet enfant était auprès des fils de Bilha et des fils de Zilpa, femmes de son père. Et Joseph rapportait à leur père leurs mauvais propos. Israël aimait Joseph plus que tous ses autres fils, parce qu'il l'avait eu dans sa vieillesse; et il lui fit une tunique de plusieurs couleurs. Ses frères virent que leur père l'aimait plus qu'eux tous, et ils le prirent en haine. Ils ne pouvaient lui parler avec amitié. Joseph eut un songe, et il le raconta à ses frères, qui le haïrent encore davantage. Il leur dit: Écoutez donc ce songe que j'ai eu! Nous étions à lier des gerbes au milieu des champs; et voici, ma gerbe se leva et se tint debout, et vos gerbes l'entourèrent et se prosternèrent devant elle. Ses frères lui dirent: Est-ce que tu régneras sur nous? est-ce que tu nous gouverneras? Et ils le haïrent encore davantage, à cause de ses songes et à cause de ses paroles. Il eut encore un autre songe, et il le raconta à ses frères. Il dit: J'ai eu encore un songe! Et voici, le soleil, la lune et onze étoiles se prosternaient devant moi. Il le raconta à son père et à ses frères. Son père le réprimanda, et lui dit: Que signifie ce songe que tu as eu? Faut-il que nous venions, moi, ta mère et tes frères, nous prosterner en terre devant toi?*

**Exemple 3 :**
**LE ROI NEBUCADNETSAR :** Dieu lui parla à travers un rêve.

Daniel 2 : 19-23

*Alors le secret fut révélé à Daniel dans une vision pendant la nuit. Et Daniel bénit le Dieu des cieux. Daniel prit la parole et dit: Béni soit le nom de Dieu, d'éternité en éternité! A lui appartiennent la sagesse et la force. C'est lui qui change les temps et les circonstances, qui renverse et qui établit les rois, qui donne la sagesse aux sages et la science à ceux qui ont de l'intelligence. Il révèle ce qui est profond et caché, il connaît ce qui est dans les ténèbres, et la lumière demeure avec lui. Dieu de mes pères, je te glorifie et je te loue de ce que tu m'as donné la sagesse et la force, et de ce que tu m'as fait connaître ce que nous t'avons demandé, de ce que tu nous as révélé le secret du roi.*

**Exemple 4 :**
**ROI SALOMOM ;** il a eu un rêve qui a transformé sa vie

1 Rois 3 : 5 :
*Salomon aimait l'Éternel, et suivait les coutumes de David, son père. Seulement c'était sur les hauts lieux qu'il offrait des sacrifices et des parfums. Le roi se rendit à Gabaon pour y sacrifier, car c'était le principal des hauts lieux. Salomon offrit mille holocaustes sur l'autel. A Gabaon, l'Éternel apparut en songe à Salomon pendant la nuit, et Dieu lui dit: Demande ce que tu veux que je te donne.*

## 2.LES RÊVES NATURELS :

Ce sont des rêves qui proviennent du cœur de l'homme. Ce n'est pas du tout des révélations, comme le pensent certaines personnes. Ce genre de rêves est le fruit de l'anxiété et de l'inquiétude.

Les mauvais rêves et cauchemars proviennent généralement des soucis et de l'anxiété.

**Quelques exemples de rêves naturels**

1. Vous rêvez que quelqu'un vous donne de l'argent quand vous êtes financièrement fauché dans la réalité et avez nourri par conséquent une forte envie pour de l'argent.

Les rêves naturels sont généralement peu clairs, déroutants et vous laissent dans le suspens.

## 3.LES RÊVES MALÉFIQUES :

Ce sont des rêves qui proviennent du diable, des démons et des agents sataniques humains. L'ennemi essaie de manipuler, contrôler et détruire les gens à travers les attaques maléfiques. C'est très dangereux lorsque vous ne pouvez pas discerner et interpréter vos rêves. Le diable vous donne des rêves pour créer la confusion dans votre vie et vous dérouter du bon chemin. Vous devez apprendre à examiner vos rêves et être très attentif.

**Questions importantes à se poser après un rêve.**

Quand vous faites des rêves, il est très important de se questionner sur l'origine du rêve, comme les questions mentionnées ci-dessous :

1. Qui est à l'origine de ce rêve ? Est-il de Dieu, de satan ou de mes propres pensées ?

2. Quel est le but de ce rêve ?

3. Que dois-je faire ?

Si vous faites un rêve et n'arrivez pas à l'interpréter, il faudra vous rapprocher d'un homme de Dieu ou d'un frère en Christ pour avoir plus d'éclaircissement. Où, a défaut, demandez au Saint-Esprit de vous donner l'explication du rêve que vous avez fait.

Chapitre 3
# RÊVES, SIGNIFICATION ET ACTION
# À PRENDRE

Découvrez la signification de vos mauvais rêves et l'action à prendre contre leurs manifestations dans votre vie sur le plan physique.

## RÊVE 1
## VOUS VOYEZ VOTRE DOUBLE
## DANS UN RÊVE

**SIGNIFICATION DU RÊVE :** Les agents du diable essayent de se servir de votre image pour des activités maléfiques.

**ACTION À PRENDRE :** priez contre toute manipulation satanique et faux usage de votre identité.

**SUJETS DE PRIÈRE :** Que toute manipulation satanique contre mon image soit détruite, au nom de Jésus.

- Que tout pouvoir qui utilise mon image pour des fins maléfiques soit détruit, au nom de Jésus.

- Que tout sorcier qui utilise mon image pour des activités maléfiques soit paralysé, au nom de Jésus.

## Chapitre 4

## RÊVE 2
## VOUS VOUS VOYEZ ENTRAIN D'AVOIR
## LES RAPPORTS SEXUELS AVEC DES PERSONNES OU
## ANIMAUX BIZARRES

**SIGNIFICATION DU RÊVE :** attaques des voleurs démoniaques qui essaient de vous dépouiller de vos biens

**ACTION À PRENDRE :** vous devez consacrer votre vie à Dieu, ensuite liez et détruire les œuvres des voleurs démoniaques dans votre vie.

**SUJETS DE PRIÈRE :**
- Que tous les démons qui viennent contre mes biens soient détruits par le feu, au nom de jésus.

- Je détruis toutes œuvres démoniaques contre mes biens et moi, au nom de jésus. Amen

- Je réduis à néant toutes attaques démoniaques contre mes biens physiques, matériels et spirituels, au nom de jésus. Amen

- Je lie et je taille en pièce tout démon assigné contre moi, au nom de Jésus.

- Je détruis tous les œuvres sexuelles de la sorcellerie contre ma vie, au nom de Jésus.

## Chapitre 5

## RÊVE 3
## VOUS VOUS MARIEZ AVEC DES PERSONNES BIZARRES

**SIGNIFICATION DU RÊVE :** votre esprit est à la merci des manipulations spirituelles pour créer la confusion dans votre vie et retarder votre mariage.

**ACTION À PRENDRE :** vous devez renoncer à toute alliance satanique, briser les alliances et pactes diaboliques dans vos familles. Consacrez votre vie à Dieu et priez contre toute influence démoniaque sur votre vie.

**SUJETS DE PRIÈRE**

- Je me sépare esprit, âme et corps de tout mari spirituel, au nom de Jésus.

- Je brise tout alliance sexuelle avec le mari de nuit, au nom de Jésus.

- Je me sépare de tout mariage que j'ai contracté dans la sorcellerie, au nom de Jésus.

- Je déchire toute robe de mariage satanique que j'ai porté, au nom de Jésus.

- Je renonce à tout mariage satanique, au nom de Jésus.

- Je brise tout pacte diabolique que j'ai signé de manière consciente ou inconsciente, au nom de Jésus.

- Je consacre ma vie, mon corps et mon âme au Seigneur, au nom de Jésus.

## Chapitre 6

## RÊVE 4
## VOUS RÊVEZ QUE VOUS AVEZ DEUX SEXES

**SIGNIFICATION DU RÊVE :** Le diable essaye de manipuler votre identité pour des fins maléfiques.

**ACTION À PRENDRE :** Priez contre les sorciers qui essaient d'utiliser votre apparence pour faire du mal aux autres mystiquement.

## RÊVE 5
## VOUS RÊVEZ QUE VOUS ÊTES ENTRAIN DE DISCUTER AVEC LES MORTS (VOS AMIS, VOS FRÈRES OU VOS PARENTS)

**SIGNIFICATION DU RÊVE :** Les forces des ténèbres prophétisent la mort dans tous les domaines de votre vie (mariage, santé, finances, relations).

**ACTION À PRENDRE :** arrêtez tout esprit qui s'oppose à votre vie et refusez-leur tout accès. Prenez garde aux pièges de l'ennemi.

## Chapitre 7

## RÊVE 6
## VOUS SERVEZ DES GENS OU TRAVAILLEZ TRÈS DUR DANS VOS RÊVES.

**SIGNIFICATION DU RÊVE :** on ferrait errer votre esprit et quelqu'un du monde des ténèbres serait en train de vouloir arracher votre âme pour la donner en sacrifice à ses fins financières.

**ACTION À PRENDRE :** vous devez vous libérer de tout esclavage démoniaque. Priez pour recouvrir vos vertus volées.

**SUJETS DE PRIÈRE**

- Je me sépare de tout esclavage démoniaque, au nom de Jésus.

- Je renonce à l'esclavage au nom de Jésus.

## RÊVE 7
## CERTAINS MEMBRES DE VOTRE CORPS NE FONCTIONNENT PLUS

**SIGNIFICATION DU RÊVE :** Tentative de l'ennemi de vous paralyser physiquement ou spirituellement.

**ACTION À PRENDRE :** priez contre toute forme de paralysie et aussi prenez garde aux accidents.

**SUJETS DE PRIÈRES**

- J'anéantis tous les plans de paralysie contre moi, au nom de Jésus.

- J'anéantis tous les plans d'accidents contre ma vie, au nom de Jésus.

- Je détruis tous les œuvres des ténèbres contre ma vie, au nom de Jésus.

## Chapitre 8

## **RÊVE 8**
## VOUS RÊVEZ QUE LES FOURMIS ET DES INSECTES BIZARRES RECOUVRENT VOTRE CORPS

**SIGNIFICATION DU RÊVE :** La pauvreté et la misère frappent à votre porte.

**ACTION À PRENDRE :** priez contre l'esprit de pauvreté et les dévoreurs sataniques.

**SUJETS DE PRIÈRE**

- Je détruis tout esprit de pauvreté relâcher contre ma vie, au nom de Jésus.

- Je lie tout dévoreur spirituel assigner contre moi, au nom de Jésus.

## **RÊVE 9**
## VOUS RÊVEZ QUE VOUS ÊTES DANS UNE TEMPÊTE DE PLUIE TERRIBLE ET NE TROUVEZ AUCUN REFUGE.

**SIGNIFICATION DU RÊVE :** des attaques graves sont sur le point de vous accabler.

**ACTION À PRENDRE :** priez contre les attaques sataniques et soyez sur vos gardes.

**SUJETS DE PRIÈRE**

- Je détruis toutes les attaques sataniques contre ma vie, au nom de Jésus

## Chapitre 9

## RÊVE 10
## VOUS RÊVEZ QUE CERTAINS DE VOS DENTS SONT TOMBÉES

**SIGNIFICATION DU RÊVE :** Manque de motivation et vous n'êtes pas content de votre situation actuelle.

**ACTION À PRENDRE :** priez contre le découragement et restez concentré sur le Seigneur. Il vous aidera à surmonter vos moments de difficultés.

**SUJETS DE PRIÈRE**

- J'anéantis tous les plans de difficultés contre ma vie, au nom de Jésus.

## RÊVE 11
## VOUS RÊVEZ QU'ON VOUS RASE DANS LES RÊVES ET QU'IL N'Y A AUCUNE CHEVELURE SUR VOTRE TÊTE

**SIGNIFICATION DU RÊVE :** perte de votre gloire ou une attaque maléfique contre votre gloire.

**ACTION À PRENDRE :** priez pour la restauration de votre gloire. Soyez vigilant vis-à-vis de toute chute qui peut conduire à la honte dans votre vie.

**SUJETS DE PRIÈRES**

- Je détruis tous les plans de l'ennemi contre ma gloire, au nom de Jésus.

- Que toute personne assignée à venir détruire ma gloire soit paralysée, au nom de Jésus.

## Chapitre 10

## RÊVE 12
## VOUS RÊVEZ QUE VOUS PARAISSEZ PLUS VIEUX QUE DANS LA RÉALITÉ

**SIGNIFICATION DU RÊVE :** l'ennemi est en train de vouloir vous dépouiller de vos énergies, de votre beauté physique et de vos biens spirituels.

**ACTION À PRENDRE :** priez contre les attaques visant votre force spirituelle et physique. Méfiez vous et débarrassez-vous des choses qui vous épuisent spirituellement.

## RÊVE 13
## VOUS RÊVEZ QUE VOUS LUTTER CONTRE DES BÊTES BIZARRES

**SIGNIFICATION DU RÊVE :** des animaux mystérieux ont été assignés par des agents sataniques pour combattre votre destin. Parfois, ce sont des ennemis qui se trouvent dans votre maison sans que vous ne le sachiez. Ces animaux pourraient être des totems comme les serpents, lions, crocodiles, scorpions, chiens et Léviathan etc.

**ACTION À PRENDRE :** déclarez-leur la guerre. Consacrez un temps au jeûne et à la prière pour votre sécurité et la percée de votre vie.

**SUJETS DE PRIÈRE**

- Je détruis tout animal assigner contre ma vie, au nom de Jésus.

- Je détruis tout totem assigner contre ma vie, au nom de Jésus.

## Chapitre 11

## RÊVE 14
## VOUS RÊVEZ QUE VOUS VOLEZ SANS AILES ET ÊTRE POURSUIVI PAR DES ÊTRES SURNATURELS

**SIGNIFICATION DU RÊVE :** votre destin est attaqué par des esprits maléfiques ou des agents des ténèbres.

**ACTION À PRENDRE** : vous devez leur riposter par des prières agressives pour la sécurité et la percée de dans votre vie.

**SUJETS DE PRIÈRES**

- J'anéantis tous les plans de l'ennemi contre ma percée, au nom de Jésus.

## RÊVE 15
## DES MARQUES SURPRENANTES SONT SUR VOTRE CORPS À VOTRE RÉVEIL

**SIGNIFICATION DU RÊVE :** satan vous a marqué pour la destruction.

**ACTION À PRENDRE :** priez contre l'esprit de destruction et l'esprit de rejet.

**SUJETS DE PRIÈRE**

- Je me sépare de toute marque, au nom de Jésus.

- Je détruis tout esprit de rejet relâcher contre moi, au nom de Jésus.

## Chapitre 12

## RÊVE 16
## VOUS PLEUREZ DANS LES RÊVES AU POINT DE VOUS RÉVEILLER AVEC DES PLEURS

**SIGNIFICATION DU RÊVE :** un plan tragique a été planifié contre vous ou un membre de famille.

**ACTION À PRENDRE :** Priez pour votre sécurité et annulez tout plan de tragédie contre votre famille et vous.

**SUJETS DE PRIÈRE**

- J'annule tous les plans de tragédie contre ma famille et moi, au nom de Jésus.

- Je frustre tous les méchants projets de l'ennemi contre ma vie, au nom de Jésus.

- J'anéantis tous les plans de mort contre moi, au nom de Jésus.

## RÊVE 17
## VOUS PLEURER DANS LES RÊVES AU POINT DE VOUS RÉVEILLER AVEC LE CŒUR DOULEUREUX

**SIGNIFICATION DU RÊVE :** vous allez perdre un être cher.

**ACTION À PRENDRE :** priez pour la protection de vos proches et annulez tous les projets et plans de mort contre eux.

**SUJETS DE PRIÈRE**

- J'anéantis tous les plans de mort contre ma famille et moi, au nom de Jésus.

## Chapitre 13

## RÊVE 18
## VOUS RÊVEZ QUE VOUS ÊTES REVÊTU DE VIEUX HABITS

**SIGNIFICATION DU RÊVE :** attaque contre votre gloire et vos bénédictions.

**ACTION À PRENDRE :** Priez contre l'esprit de misère et de pauvreté. Priez pour détruire les œuvres des ténèbres contre votre gloire.

**SUJETS DE PRIÈRE**

- J'anéantis tout les plans de misère contre moi, au nom de Jésus.

- Je détruis tous les œuvres des ténèbres contre ma gloire, au nom de Jésus.

- Que tout esprit de pauvreté relâcher contre ma vie soit foudroyé, au nom de Jésus.

- Que tout pouvoir qui œuvre contre ma gloire soit détruit, au nom de Jésus.

- Que tous ce qui bloquent mes bénédictions soit détruits, au nom de Jésus.

- Je détruis tous les œuvres de la sorcellerie contre ma vie, au nom de Jésus.

- Je frustre tous les plans de pauvreté contre ma vie, au nom de Jésus.

## Chapitre 14

## RÊVE 19
## VOUS ÊTES EN RANG ET VOUS ARRIVEZ EN RETARD OU RATEZ LE VÉHICULE

**SIGNIFICATION DU RÊVE :** attaque contre votre progrès ou bien vous pourriez être en train de passer à côté d'une bonne opportunité.

**ACTION À PRENDRE :** priez pour stopper l'esprit de retard et de blocage. Gardez-vous de la paresse ou de la procrastination.

**SUJETS DE PRIÈRE**

- Je brise l'esprit de blocage dans ma vie, au nom de Jésus.

- Je brise l'esprit de retard dans ma vie, au nom de Jésus.

- Je me sépare de la paresse, au nom de Jésus.

- Je me sépare de l'esprit de procrastination, au nom de Jésus.

- Que tout pouvoir qui ralentit mon élan soit détruit, au nom de Jésus.

- Que tout esprit de retard relâcher contre moi soit foudroyé, au nom de Jésus.

- Que tout ce qui veut stopper ma vie soit détruit, au nom de Jésus.

## Chapitre 15

## RÊVE 20
## VOUS VOUS VOYEZ CONSTAMMENT À L'HÔPITAL ET DANS LES TOMBES

**SIGNIFICATION DU RÊVE :** attaque de maladie et de mort.

**ACTION À PRENDRE :** Priez contre l'esprit de maladie et de la mort prématurée.

**SUJETS DE PRIÈRE**

- Esprit de mort, je te chasse de ma vie, au nom de Jésus.

- Esprit de maladie, je te chasse de ma vie, au nom de Jésus

- J'anéantis tous les flèches de maladies contre moi, au nom de Jésus.

- J'anéantis tous les sorts de maladies contre moi, au nom de Jésus.

- Je détruis tous les plans de mort contre moi, au nom de Jésus.

- Je détruis tout cercueil qui a été préparé contre moi, au nom de Jésus.

- Je ferme toute tombe qui a été creusé contre moi, au nom de Jésus.

- Je proclame la mort sur tous les ennemis de mon âme, au nom de Jésus.

## Chapitre 16

## RÊVE 21
## VOUS ÊTES ATTAQUÉ PAR
## DES CHIENS

**SIGNIFICATION DU RÊVE :** le diable essaye d'utiliser votre passé pour vous attaquer, il envoie les esprits poursuivants sous forme d'animaux.

**ACTION À PRENDRE :** priez contre toute chute et séparez vous définitivement de votre passé. Priez pour récupérer vos biens que vous avez donnés à l'ennemi de manière consciente ou inconsciente. Rester dans son passé attire les attaques sur le présent et rend le futur incertain.

**SUJETS DE PRIÈRE**

- Je me sépare de mon passé, au nom de Jésus

- Je juge toute chute contre moi, au nom de Jésus.

- Je récupère tous mes biens volés, au nom de Jésus.

- J'anéantis tous les attaques de l'ennemi contre ma vie, au nom de Jésus.

- Je détruis tous chiens qui aboient contre ma vie, au nom de Jésus.

- Que tout chien assigner contre moi meurt, au nom de Jésus.

- Je détruis tout chien mystique dans mon environnement, au nom de Jésus.

## Chapitre 17

## RÊVE 22
## VOUS ALLAITEZ DES ENFANTS INCONNUS DANS LES RÊVES

**SIGNIFICATION DU RÊVE :** l'ennemi est en train de vous dépouiller de vos vertus en forme de bébé ou bien vous pourriez avoir des bébés dans la sorcellerie.

**ACTION À PRENDRE :** liez tous les démons qui ont été assignés contre vous et demandez à Dieu de tuer tous les bébés que vous avez enfantés dans le monde spirituel.

**SUJETS DE PRIÈRE**

- Je tue tout enfant que j'ai eu dans le monde spirituel avec le mari de nuit, au nom de Jésus.

- Je lie tout démon assigner contre moi, au nom de Jésus.

- Je me sépare de tout bébé spirituel, au nom de Jésus.

- Je refuse tout enfant de la société, au nom de Jésus.

- J'arrache tous mes vertus volées, au nom de Jésus.

- Je chasse tout enfant sorcier de ma vie, au nom de Jésus.

## Chapitre 18

## RÊVE 23
## VOUS MARCHEZ PIEDS NUS OU VOUS VOUS VOYEZ NUS DANS LES RÊVES

**SIGNIFICATION DU RÊVE :** la honte, l'ennemi envisage de vous humilier.

**ACTION À PRENDRE :** priez contre l'esprit de tristesse et de déshonneur.

**SUJETS DE PRIÈRE**

- J'anéantis tous les plans de l'ennemi contre mon honneur, au nom de Jésus.

- Je juge la tristesse dans ma vie, au nom de Jésus.

## RÊVE 24
## VOUS VOUS VOYEZ ENTRAIN DE COURIR NUS DANS LES RÊVES

**SIGNIFICATION DU RÊVE :** L'ennemi envisage de vous humilier en public pour vous attirer la honte.

**ACTION À PRENDRE :** priez contre l'esprit de dépression, de folie et de déshonneur.

**SUJETS DE PRIÈRE**

- J'anéantis tous les plans de dépression contre moi, au nom de Jésus.

- Je juge l'esprit de folie sur ma vie, au nom de Jésus.

- J'anéantis les plans de déshonneur contre moi, au nom de Jésus.

## Chapitre 19

## RÊVE 25
## VOTRE VÉHICULE TOMBE EN PANNE AU COURS D'UN VOYAGE

**SIGNIFICATION DU RÊVE :** attaque contre votre percée, votre progrès est sur le point de s'arrêter.

**ACTION À PRENDRE :** levez-vous contre toutes attaques à l'encontre de votre destin. Priez pour votre progrès.

**SUJETS DE PRIÈRE**

- Je détruis tous les attaques de l'ennemi contre ma destinée, au nom de Jésus.

## RÊVE 26
## VOUS ÊTES FACE À UNE RIVIÈRE IMMENSE QUE VOUS NE POUVEZ PAS TRAVERSER

**SIGNIFICATION DU RÊVE :** vous serez confronté à des situations difficiles à surmonter.

**ACTION À PRENDRE :** priez pour demander à Dieu de vous donner la grâce de vaincre les épreuves.

## Chapitre 20

## RÊVE 27
## VOUS RÊVEZ QUE VOUS TOMBEZ DES HAUT LIEUX

**SIGNIFICATION DU RÊVE :** chute de votre position physique ou spirituelle. Vous serez confronté à des chutes dans vos affaires, dans votre emploi ou dans votre vie spirituelle.

**ACTION À PRENDRE :** priez contre toute esprit envoyé pour vous faire chuter et gardez-vous des pièges qui peuvent vous faire tomber. Priez également contre l'esprit de régression.

**SUJETS DE PRIÈRE**

- Que tout pouvoir qui combat mon progrès soit détruit, au nom de Jésus.

## RÊVE 28
## VOUS RÊVEZ QUE VOUS GRIMPEZ DES MONTAGNES SANS ARRIVER AU SOMMET

**SIGNIFICATION DU RÊVE :** votre progrès est attaqué par la sorcellerie et les forces maléfiques.

**ACTION À PRENDRE :** priez pour libérer votre percée et détruire les forces maléfiques qui ralentissent votre élan. Priez pour arrêter les guerriers démoniaques relâchés contre votre progrès.

**SUJETS DE PRIÈRE**

- Que toute force qui combat mon progrès soit détruit, au nom de Jésus.

## Chapitre 21

## RÊVE 29
## VOUS GRIMPEZ UNE MONTAGNE EN GLISSANT

**SIGNIFICATION DU RÊVE :** votre progrès est difficile et attaqué par les forces des ténèbres.

**ACTION À PRENDRE :** Priez contre les attaques qui entravent votre progrès.

**SUJETS DE PRIÈRE**

- Je déracine toute montagne placée sur mon chemin, au nom de Jésus.

- Que tout ce qui entrave mon progrès soit briser, au nom de Jésus.

- Seigneur, extermine tous les ennemis de mon progrès, au nom de Jésus.

- Que tout pouvoir qui créent les difficultés dans ma vie soit détruit, au nom de Jésus.

## RÊVE 30
## VOUS ÊTES BLOQUÉ DANS LES EMBOUTEILLAGES

**SIGNIFICATION DU RÊVE :** du retard dans vos progrès et l'ennemi veut vous faire échapper une bénédiction ou des bonnes opportunités.

**ACTION À PRENDRE :** priez pour votre percée dans tous les domaines de votre vie et demandez à Dieu de frayer votre chemin.

**SUJETS DE PRIÈRE**

- Je brise les blocages sur mon chemin, au nom de Jésus.

- Je renverse tout les obstacles sur mon chemin, au nom de Jésus.

- Au Seigneur, libère mon chemin de tout blocage, au nom de Jésus.

- Je dégage tout obstacle sur mon chemin et je traverse, au nom de Jésus.

## Chapitre 22

## RÊVE 31
## UN VENT SAUVAGE SOUFFLE
## CONTRE VOUS

**SIGNIFICATION DU RÊVE** : Les problèmes graves sont sur le point de vous arriver.

**ACTION À PRENDRE :** ordonnez à tout vent diabolique soufflant contre vous de cesser. Priez pour frustrer tous les plans de querelles contre vous et gardez-vous des pièges et des querelles.

**SUJETS DE PRIÈRE**

- J'anéantis tous les plans de querelles contre moi, au nom de Jésus.

- Je frustre tous les les pièges plans de problèmes contre moi, au nom de Jésus.

- J'anéantis tous les attaques de l'ennemi contre moi, au nom de Jésus.

## RÊVE 32
## VOUS VOUS VOYEZ TOUJOURS À L'ÉCOLE
## EN TENUE DE CLASSE

**SIGNIFICATION DU RÊVE** : ce type de rêve signifie le retard ou la régression, vous n'avancez pas et vous êtes en retard dans votre génération.

**ACTION À PRENDRE :** priez pour la vitesse divine et détruisez l'esprit de retard et de régression dans votre vie. Détruisez les pouvoirs maléfiques qui créent le retard dans votre vie et qui vous ramène toujours en arrière.

**SUJETS DE PRIÈRE**
- Je juge l'esprit de retard et de régression dans ma vie, au nom de Jésus.

## Chapitre 23

## RÊVE 33
## VOUS VOYEZ QUELQU'UN VOUS GUETTER ET VENIR SUBITEMENT METTRE LA MAIN SUR VOTRE FRONT ET FUIR PAR LA SUITE

**SIGNIFICATION DU RÊVE :** votre étoile a été volée par un voleur spirituel.

**ACTION À PRENDRE :** déclarez la guerre contre ce voleur spirituel pour arracher votre étoile entre ses mains et priez le Seigneur pour qu'il ramène votre étoile sur votre front.

**SUJETS DE PRIÈRE**

- J'arrache mon étoile des mains des voleurs spirituels, au nom de Jésus.

- J'arrache mon étoile de toutes prison des ténèbres, au nom de Jésus.

- Ô Seigneur, ramène et restaure mon étoile, au nom de Jésus.

## RÊVES 34
## VOUS REMPAZ DANS LES RÊVES

**SIGNIFICATION DU RÊVE :** votre progrès est sérieusement attaqué.

**ACTION À PRENDRE :** priez contre toute force maléfique qui ralentit votre élan.

**SUJETS DE PRIÈRE**

- Que tout pouvoir qui ralentit mon élan soit détruit, au nom de Jésus.

- Que tout pouvoir mystique qui veut m'assujettir soit détruit, au nom de Jésus.

## RÊVE 35
## ON TIRE SUR VOUS DANS LES RÊVES

**SIGNIFICATION DU RÊVE** : la mort précoce.

**ACTION À PRENDRE :** priez contre l'esprit de mort et détruisez tous plans de mort contre vous. Priez pour demander au Seigneur de détruire l'armée diabolique qui a été assignée contre vous.

**SUJETS DE PRIÈRE**

- Que tout les coups de feu tirés contre moi dans le rêve, retourne à l'envoyeur au nom de Jésus.

- Que toute armée diabolique assignée contre moi soit dispersée et retourne tirer sur l'envoyeur, au nom de Jésus.

## RÊVE 36
## VOUS VOUS VOYEZ ENTRAIN DE VOUS MARIÉ AVEC UNE PERSONNE DONT VOUS NE VOYEZ PAS LE VISAGE

**SIGNIFICATION DU RÊVE :** mariage spirituel avec un démon ou un masque satanique a été mis sur votre visage pour vous voiler et vous rendre invisible aux yeux des hommes pour le mariage.

**ACTION À PRENDRE :** renoncez à tout mariage spirituel. Demandez à Dieu de vous dévoiler et de tuer le mari ou la femme esprit dans votre vie. Priez également pour détruire les œuvres de sorcellerie contre votre vie.

**SUJETS DE PRIÈRE**

- Je me sépare de tout mariage diabolique, au nom de Jésus.

## Chapitre 25

## RÊVE 37
## VOUS RÊVEZ QUE VOUS ÊTES ENTRAIN D'ACHETER LES VÊTEMENTS NOIRS

**SIGNIFICATION DU RÊVE :** annonce d'un malheur dans votre famille ou dans votre entourage.

**ACTION À PRENDRE :** priez pour détruire l'esprit de mort et les plans de malheur autour de vous.

**SUJETS DE PRIÈRE**

- Je juge l'esprit de mort sur mes proches, au nom de Jésus.

## RÊVE 38
## VOUS RÊVEZ QU'ON DÉPOSE UN FILET DE TOIL D'ARAIGNÉE SUR VOTRE VISAGE.

**SIGNIFICATION DU RÊVE :** ce rêve signifie que les blocages diaboliques, les sorcières ou les agents des ténèbres vous voilent contre les bonnes opportunités et voilent votre étoile pour vous rendre invisible partout.

**ACTION À PRENDRE :** priez pour détruire ces toiles d'araignées sur votre visage, sur votre corps, sur votre front et votre tête. Priez également pour détruire les blocages diaboliques sur votre chemin.

**SUJETS DE PRIÈRE**

- Je brise tout déblocage déposé sur mon front, au nom de Jésus,

- Je déchire tout voile mystique sur mon visage et sur mon corps, au nom de Jésus.

- Je détruis toute saleté mystique qui a été déposée sur mon corps au nom de Jésus.

- Je brise tout blocage sur mon chemin, au nom de Jésus.

- Que l'auteur des toiles d'araignées sur mon chemin meurt, au nom de Jésus.

- Que tout pouvoir de sorcellerie, qui crée les blocages dans ma vie soit détruit, au nom de Jésus.

- Que tout Autel de toile d'araignée qui œuvre contre mon progrès soit détruit par le feu, au nom de Jésus.

- Que tout araignée assignée contre ma vie soit détruit, au nom de Jésus.

## Chapitre 26

## RÊVE 39
## VOUS RÊVEZ QUE VOUS VOYEZ UNE NOUVELLE PERSONNE À VOTRE POSTE DANS LA SOCIÉTÉ OÙ VOUS TRAVAILLEZ.

**SIGNIFICATION DU RÊVE :** ça signifie que vous allez bientôt perdre votre emploi ou bien que vous aurez une promotion à votre lieu de service.

**ACTION À PRENDRE :** priez pour protéger votre emploi et détruisez les œuvres des ténèbres contre votre progrès et votre emploi.

**SUJETS DE PRIÈRE**

- J'anéantis tous les plans de l'ennemi contre mon emploi, au nom de Jésus.

- Je frustre tous plans de licenciement contre moi, au nom de Jésus.

## RÊVE 40
## VOUS RÊVEZ QUE VOUS VOYEZ UN DÉSERT

**SIGNIFICATION DU RÊVE :** ça signifie que vous connaîtrez une sécheresse financière et serez bientôt confrontée à des difficultés.

**ACTION À PRENDRE :** priez pour protéger votre emploi, vos business ou vos avoirs. Priez pour anéantir les plans de difficultés et de souffrance contre vous.

**SUJETS DE PRIÈRE**

- J'anéantis les plans de difficultés et de souffrance contre moi, au nom de Jésus.

- Seigneur, détruit les œuvres des ténèbres contre mon épanouissement financier, au nom de Jésus.

- Je juge tous les plans de satan contre mon affaire ou mes activités, au nom de Jésus.

- Je juge tous les plans de satan contre mes sources de revenus, au nom de Jésus.

- J'anéantis tous les plans de morosité financière dans ma vie, au nom de Jésus.

- Je frustre tous les plans de misère contre moi, au nom de Jésus.

- Je remplis tout désert préparer contre moi, au nom de Jésus.

## Chapitre 27

## RÊVE 41
## VOUS RÊVEZ QUE VOUS VOUS VOYEZ DANS UNE EAU SALE OU BIEN VOUS TRAVERSEZ UNE VAGUE D'EAU AGITÉE.

**SIGNIFICATION DU RÊVE :** ça signifie que vous ferez face à des grandes difficultés financières.

**ACTION À PRENDRE :** priez pour protéger vos sources de revenus et demandez au seigneur de vous épargner des difficultés.

**SUJETS DE PRIÈRE**

- J'anéantis les plans de difficultés et de souffrance contre moi, au nom de Jésus.

## RÊVE 43
## VOUS RÊVEZ QU'ON VOUS DONNE À MANGER DANS LES RÊVES

**SIGNIFICATION DU RÊVE :** ce rêve signifie l'envoûtement, les sorciers sont en train de vous envoûter et vous initiés dans la sorcellerie.

**ACTION À PRENDRE :** priez pour détruire l'envoûtement dans votre vie et renoncer à la sorcellerie. Priez pour vomir tout ce que vous avez mangé en rêve puis demandez à Dieu de purifier et de sanctifier votre corps.

**SUJETS DE PRIÈRE**

- Je me sépare de tout envoûtement, au nom de Jésus.

- Je vomis toute nourriture que j'ai mang en rêve, au nom de Jésus.

## Chapitre 28

## RÊVE 44
## VOUS RÊVEZ TOUJOURS DES PERSONNES DÉCÉDÉES

**SIGNIFICATION DU RÊVE :** ce rêve signifie la mort, l'esprit de mort a été relâché contre vous.

**ACTION À PRENDRE :** priez pour anéantir les plans de mort contre vous, liez l'esprit de mort et envoyez-le dans les abîmes.

**SUJETS DE PRIÈRE**

- J'anéantis les plans de  mort contre moi, au nom de Jésus.

- Je me sépare esprit, âme et corps de toute personne décédée, au nom de Jésus.

- Esprit de mort, je te chasse de ma vie, au nom de Jésus.

## RÊVE 45
## VOUS VOYEZ DE L'EAU AU SOL DANS VOTRE CHAMBRE

**SIGNIFICATION DU RÊVE :** ce rêve signifie la sorcellerie et les attaques maléfiques.

**ACTION À PRENDRE :** priez pour anéantir les attaques maléfiques et détruire les œuvres de sorcellerie contre vous.

**SUJETS DE PRIÈRE**

Je détruis toutes les attaques de la sorcellerie contre ma vie, au nom de Jésus.

## Chapitre 29

# PRIÈRES POUR OBTENIR LA VICTOIRE SUR LES RÊVES ÉTRANGES

## POINTS DE PRIÈRE

1. Prenez le temps de louer et d'adorer Dieu pour sa grâce et sa miséricorde dans votre vie et dans celle de vos bien-aimés.

2. Père, ait pitié de moi et pardonne-moi d'avoir donné à l'ennemi l'occasion de manipuler mes rêves, au nom de Jésus.

3. Ô Seigneur, pardonne-moi et purifie-moi de toute pollution qui provient des images immorales que j'ai regardées, de l'amertume que j'ai entretenu, de la malice, de la haine, de l'envie, de la jalousie, au nom de Jésus.

4. Je renonce et annule avec le sang de Jésus toute alliance diabolique que j'ai conclue avec l'ennemi par le biais de rapport sexuels ou en mangeant dans mes rêves, au nom de Jésus.

5. J'ordonne l'arrêt de toute scène du manger et du boire dans mon rêve, au nom de Jésus.

6. Que tout démon à l'origine des rêves étranges dans ma vie, soit arrêté et chassé, au nom de Jésus.

7. Que toute puissance diabolique transmise dans mon corps, mon âme et mon esprit à travers les rêves, sorte maintenant, au nom de Jésus.

8. Vous semence diabolique, plantés dans ma vie au travers des rêves, sortez maintenant, au nom de Jésus.

9. Que toute grossesse démoniaque dans mon corps sorte
maintenant, au nom de Jésus.

10. Que tout poison démoniaque dans mon corps, mon âme et mon
esprit sorte maintenant, au nom de Jésus.

11. Que tous les boissons et aliments démoniaques dans mon corps
sorte lent maintenant, au nom de Jésus.

12. Que toute maladie introduite dans ma vie à la suite des rêves
maléfiques, soit annulée et ôtée, au nom de Jésus.

13. Je détruis tout cercueil préparer pour moi dans les rêves, au nom
de Jésus.

14. Que tout rêve démoniaque du passé qui affecte ma vie
maintenant, soit consumé par le feu, au nom de Jésus.

15. Que toute tombe spirituel maléfique ouverte pour moi dans les
rêves, soit fermée au nom de Jésus.

16. Que toutes flèches et coups de feu envoyés contre moi dans les
rêves, retournent à l'expéditeur, au nom de Jésus.

17. Que tous les criminels de sorcellerie qui me poursuivent dans les
rêves meurent, au nom de Jésus.

18. Que tout songe satanique visant mon progrès soit détruit, au
nom de Jésus.

19. Vous, serpents qui m'attaquez dans mes rêves, soyez consumés
et réduits en cendres, au nom de Jésus.

20. Que toute flèche diabolique titrée contre mon mariage dans le
rêves soit détruite, au nom de Jésus.

21. Je reprends possession de toutes les bonnes choses que j'ai perdues suite à de mauvais rêves, au nom de Jésus.

22. Vous, agents des ténèbres manipulant mon destin dans ma vie onirique, soyez foudroyé, au nom de Jésus.

23. Que tout esprit de sorcellerie assigné pour troubler mon sommeil soit arrêté par le feu, au nom de Jésus.

24. Cher Saint-Esprit, dévoile et déshonneur tout agent humain ou démoniaque qui se cache derrière un masque pour troubler mon sommeil, au nom de Jésus.

25. Que tout marque maléfique sur mon corps, mon âme et mon esprit qui attire le mal sur moi soit effacé, au nom de Jésus.

26. Que toute personne qui vient en songe m'opprimer ou me violer, reçoive le tonnerre et soit paralysée, au nom de Jésus.

27. Que tout voleur satanique chargé de me dérober dans mes rêves, soit arrêté et expulsé de ma vie, au nom de Jésus.

28. Que tout piège tendu contre moi dans mes rêves soit détruit, au nom de Jésus.

29. Que toute servitude dans le rêve soit convertie en liberté, au nom de Jésus

30. Que toutes les épreuves dans le songe se changent en triomphe, au nom de Jésus.

31. Je renonce et rejette le mari ou la femme spirituel (l) maléfique, au nom de Jésus.

32. Que tout œil démoniaque qui me surveille dans mon rêve perde la vue pour toujours, au nom de Jésus.

**33.**Je sors de toutes les cages sataniques et maison de prison dans lesquelles je me suis trouvé dans mes rêves, au nom de Jésus.

**34.**Que toute personnalité avec laquelle le diable a remplacé ma vie soit consumée par le feu, au nom de Jésus.

**35.**Que tout démon qui me poursuit dans mes rêves soit lié et consumé, au nom de Jésus.

# CONCLUSION

Soyez très attentifs à vos rêves, vous ne faites pas des rêves pour rien. Chaque mauvais rêve a une signification et un message très important pour vous. Plusieurs personnes font des rêves, mais ne les prennent pas en considération. Il y a des rêves qui viennent de Dieu et d'autres du diable, mais c'est à chacun de vous de les discerner. Si vous faites des rêves effrayants et dont vous ne connaissez pas leurs significations, il faudra vous rapprocher d'un homme de Dieu pour une explication claire. Connectez-vous toujours à Dieu pour qu'il vous donne le message clair de vos rêves. Apprenez à comprendre vos rêves et les messages qui se cachent derrière, car la plupart des secrets cachés derrière nos problèmes se révèlent souvent à travers les rêves.

# SECTION II

# COMMENT FAIRE POUR DEVENIR UN ENFANT DE DIEU

Il ne suffit pas d'aller à l'Eglise et de prier. Aller à l'Eglise chaque dimanche pour prier ne signifie pas que tu es un enfant de Dieu. Tu peux aller à l'église tous les jours, mais Dieu ne te connaît pas. *« Si un homme ne naît de nouveau, il ne peut voir le royaume de Dieu »* (Jean 3 : 3)

Les étapes suivantes t'aideront à savoir que faire pour naître de nouveau

1ere Étape : **Dieu t'aime et t'offre un plan merveilleux pour ta vie.** Jean 3 : 16 : *« Car Dieu a tant aimé le monde qu'il a donné son Fils unique, afin que quiconque croit en lui ne périsse point, mais qu'il ait la vie éternelle »*. Jean 10 : 10 : Jésus dit : *« Moi, je suis venu afin que les brebis aient la vie, et qu'elles soient dans l'abondance.* Cher ami, peu importe qui tu es et ce que tu as fait de mauvais dans ta vie, Dieu t'aime malgré tout et il veut te sauver. (Romain 5 : 8).

2eme Étape : **Tes péchés t'ont séparé de Dieu, c'est pourquoi tu ne jouis pas de ses bénédictions et n'expérimentes pas son plan merveilleux pour ta vie.** Romain 3 : 23 : *« Car tous ont péché et sont privés de la gloire de Dieu »* (Romain 6 : 23) ; *« Car le salaire du péché, c'est la mort ; mais le don gratuit de Dieu, c'est la vie éternelle en Jésus-Christ notre Seigneur »*. Toutes tes activités religieuses et tes efforts ne peuvent pas te sauver. Dieu a prévu une très bonne solution pour toi.

3eme Étape : **Jésus-Christ est le seul chemin qui mène à Dieu Jean** 14 : 6 : Jésus lui dit *: « Je suis le chemin, la vérité, et la vie ». Nul ne vient au Père que par moi »*. Jésus-Christ est le seul chemin qui mène à Dieu, il est le seul passeport qui mène au Paradis. Jésus est le seul sacrifice que Dieu puisse accepter pour tes péchés. Tu peux **recevoir** ses bénédictions et te connecter au plan de Dieu pour ta vie à travers lui.

4eme Étape : **tu dois recevoir Jésus-Christ comme ton Seigneur et Sauveur personnel.** C'est par lui que tu recevras les bénédictions de Dieu et expérimenteras le plan de Dieu pour ta vie. Reçoit Jésus-Christ par une invitation personnelle et par la foi. Apocalypse 3 : 20 « *Si quelqu'un entend ma voix et ouvre la porte [Ton cœur], j'entrerai chez lui, je souperai chez lui, et lui avec moi.* » Si tu es prêt à donner ta vie à Jésus-Christ maintenant, pour jouir de ces bénédictions et expérimenter le plan de Dieu pour ta vie, fait cette prière de tout ton cœur.

*Cher Seigneur Jésus-Christ, j'ai entendu parler de toi, j'ai besoin de toi dans ma vie, je t'ouvre la porte de mon cœur maintenant et je te reçois comme Seigneur et unique Sauveur. Je suis un pêcheur et je reconnais avoir péché en pensée, en parole et en action. Pardonne tous mes péchés, et lave-moi de ton sang. Fait de moi un enfant de Dieu. Merci de m'avoir sauvé. AMEN !*

*Félicitations ! Tu es maintenant un enfant de Dieu.*

*Jésus-Christ t'a entendu et t'a pardonné.*

Il est actuellement en train d'organiser une grande fête de joie au ciel pour te célébrer. *(Luc 15 : 7).* *"De même, je vous le dis, il y aura plusde joie dans le ciel pour un seul pécheur qui se repent.*

Ecris-moi maintenant pour ton suivi au +237 678738942.

# COMMENT CROITRE DANS TA NOUVELLE VIE

Après votre réconciliation avec Dieu, vous devez maintenant bâtir votre relation et votre intimité avec Lui. Pour cela, vous devez suivre les étapes suivantes qui vous aideront à vous connecter à lui et recevoir de lui.

**LA SANCTIFICATION :** l'une des choses qui nous permet d'avoir une intimité et une bonne relation avec Dieu est la sanctification. Pour plaire à Dieu, il faut fuir le péché et mener une vie de sainteté à laquelle Il nous appelle. Dieu aime le pécheur, mais n'aime pas le péché. Car le péché conduit à la mort. Après avoir demandé pardon à Dieu pour tous tes péchés, tu dois les abandonner totalement et commencer à mener une vie de sanctification comme il le préconise.

**LA PRIERE :** la prière est le moyen par lequel on parle à Dieu. Tu dois avoir une vie de prière et parler à Dieu chaque jour par la prière. Tu peux programmer tes heures de prière le matin, à midi et le soir. La prière nous rapproche de Dieu.

**LA LECTURE BIBLIQUE :** on se connecte à Dieu par la lecture de sa parole qui est la Bible. Pour connaître Dieu, il faut lire sa Parole. Dieu utilise sa parole pour nous parler, nous instruire, nous enseigner, nous corriger et nous révéler des choses secrètes. La connaissance, la sagesse et les réponses à tous nos problèmes se trouvent dans les saintes écritures.

**LA MÉDITATION :** après avoir lu la parole de Dieu, tu la médites et la mets en pratique pour que Dieu puisse demeurer en toi. Dieu est ami de celui qui garde ses paroles dans son cœur. C'est par la méditation que Dieu nous inspire et révèle beaucoup de choses secrètes.

**LA COMMUNION FRATERNELLE :** après avoir invité Jésus-Christ dans ta vie comme seigneur et sauveur, tu dois aller dans la maison de Dieu qui est l'Eglise pour communier avec les frères en Christ, pour le louer, l'adorer, suivre ses enseignements et t'intégrer dans sa maison comme disciple de Jésus. On ne mûrit pas spirituellement en restant à la maison. L'Eglise est l'entreprise terrestre de Dieu où chacun reçoit une tâche spécifique pour le servir.

**LA LITTÉRATURE CHRÉTIENNE :** tu dois lire les bons livres chrétiens pour t'instruire et avoir la connaissance spirituelle.

**LA LOUANGE ET L'ADORATION :** pour bâtir ton intimité avec Dieu, tu dois l'adorer en esprit et en vérité à travers les cantiques. Dieu aime quand on lui chante des louanges et des chants d'adoration.

**LA DIME ET L'OFFRANDE :** pour bâtir une intimité avec Dieu, tu dois lui donner ton argent sous forme de dîme et d'offrande. Cette dime et cette offrande se donnent à l'église qui est la maison de Dieu. Quand Dieu te donne quelque chose, il veut juste que tu lui donnes en retour 10 centimes de ce qu'il t'a donné pour lui prouver ton amour et ta gratitudeenvers lui. Lisez le livre de Malachie dans la Bible pour mieux comprendre cette **instruction divine.**

# PRISE DE CONTACT

**Oracle LAURICE ELOK**
Écrivaine Chrétienne, Auteure, Guide Spirituelle
Et Fondatrice

DE
**REVEILLEZ-VOUS !**

MINISTERE DE PRIERE
ET DE LITTERATURE CHRETIENNE

**POUR**
**LE RÉVEIL SPIRITUEL**
**LA DÉLIVRANCE ET LA RESTAURATION**
**DES VIES**

Contact

+237 678738942/ 655451966
Email: lauriceelok@gmail.com

CAMEROUN

**Réseaux Sociaux**
**Tweeter**: Laurice | **LinkedIn**: Laurice Elok
**Facebook** : Laurice Elok

yes
# I want morebooks!

Buy your books fast and straightforward online - at one of world's fastest growing online book stores! Environmentally sound due to Print-on-Demand technologies.

Buy your books online at
**www.morebooks.shop**

Achetez vos livres en ligne, vite et bien, sur l'une des librairies en ligne les plus performantes au monde!
En protégeant nos ressources et notre environnement grâce à l'impression à la demande.

La librairie en ligne pour acheter plus vite
**www.morebooks.shop**

Printed by Books on Demand GmbH, Norderstedt / Germany